AF602925

Jean Nicolas de Tralage

LA FOIRE SAINT GERMAIN,

COMEDIE.

DE MR DANCOURT.

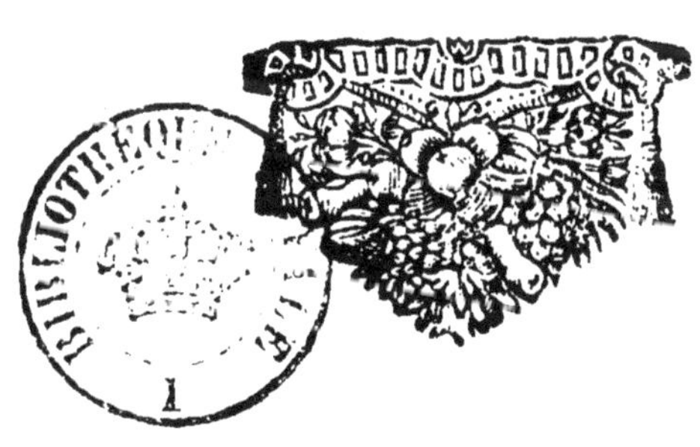

A PARIS,
Chez THOMAS GUILLAIN, à la descente du Pont-Neuf, prés les Augustins, à l'image S. Louïs.

M. DC. LXXXXVI
AVEC PRIVILEGE DU ROY.

Extrait du Privilege du Roy.

PAR Grace & Privilege du Roy, donné à Paris le vingt-huitiéme Aoust 1695. Signé, Par le Roy en son Conseil, LE FEVRE. Il est permis à THOMAS GUILLAIN, Marchand Libraire à Paris, de faire imprimer *le Recueil des Comedies du Sieur Dancourt*, pendant le temps de six années, à compter du jour qu'elles seront achevées d'imprimer pour la premiere fois, en vertu des presentes ; pendant lequel temps tres-expresses inhibitions & défenses sont faites à toutes personnes de quelque qualité & condition qu'elles soient, de faire imprimer, vendre ny debiter desdites Comedies d'autre Edition que celles de l'Exposant, ou de ceux qui auront droit de lui, à peine de quinze cens livres d'amende, payable sans déports par chacun des Contrevenans, de confiscation des Exemplaires contrefaits, & de tous dépens, dommages & interests, & autres peines portées plus au long par lesdites Lettres de Privilege.

Registré sur le Livre de la Communauté des Imprimeurs & Libraires de la ville de Paris, le premier Septembre 1695.

Signé P. AUBOUYN, Syndic.

Achevé d'imprimer pour la premiere fois le 26. Janvier 1696.

ACTEURS.

Mad. MOUSSET, Marchande de robes de chambres.
L'ORANGE, Marchand de Caffé, vestu en Armenien.
Mesd. MANON, MIMI, COLLOTTE, } Marchandes de la Foire.
LE CHEVALIER de Castagnac, Gascon.
URBINE, Sœur du Chevalier.
CLITANDRE, Amant d'Angelique.
LE BRETON, Valet de Clitandre.
ANGELIQUE, Maîtresse de Clitandre.
Mad. ISAC, Gouvernante d'Angelique.
JASMIN, Laquais d'Angelique.
Mr FARFADEL, Financier.
Mad. DE KERMONIN, Sœur de Breton.
MAROTTE, petite Grisette.
Mad. BARDOUX, Mere d'Angelique.

Plusieurs Acteurs du Cercle qui composent le Divertissement.

La Scene est dans un des Carrefours de la Foire S. Germain.

LA

LA FOIRE SAINT GERMAIN,

COMEDIE.

Le Theatre represente un des Carrefours de la Foire.

Mademoiselle MOUSSET, LORANGE, MANON, MIMI, LOLOTTE dans leurs Boutiques.

Mad. MOUSSET.

DE Belles robbes de chambres, Messieurs, des étoffes de la Chine, des bonnets à la Beneficiere, des deshabillez à bonne fortune. Voyez icy Mesdames.

MIMI.

Des rubans d'or, des tabliers, des

fichus, de belles écharpes, Meſſieurs.

LOLOTTE.

Des tabatieres, des cannes, des cordons de chapeau, des nœuds d'épée, Meſdames.

MANON *en Turque.*

Marchandiſes du Levant, Meſſieurs, eaux de ſenteur de Conſtantinople, baume de Perſe, maſtic pour les trous de petite verole, ciment pour recrepir les viſages; nous avons ce qu'il vous faut, Meſdames.

GARÇON *Limonadier.*

Caffé, Thé, Chocolat, Vin de Saint Laurent, Vin de Latiota, Vin de Canarie.

SCENE II.

LE CHEVALIER DE CASTAGNAC, URBINE.

URBINE.

VEnir de tant de bonne heure à la Foire Saint Germain, vous n'y portez pas attention, Chevalier.

LE CHEVALIER.

A toutes les heures du jour, gens de chez nous, ma ſœur, penſent à leurs affaires, & font tres-bien. Nous ſommes d'une

Nobleſſe tellement ancienne, que tous nos biens en ſont uſez, nous n'avons vous & moy d'autre patrimoine que le ſçavoir faire, mais qu'importe, les ſots doivent tribut aux gens d'eſprit ; & il y a dans cette Foire Saint Germain quantité de Bureaux où je me fais payer mes rentes.

URBINE.

Hé donc en venez-vous toucher quelqu'une aujourd'huy ?

LE CHEVALIER.

Cadedis, ma chere ſœurette, je ſuis ſans ceſſe à l'affus de la fortune, je luy ay donné la chaſſe à la Cour, j'ay crû l'a tenir par le toupet, la coquine s'eſt trouvée chauve. A la guerre je l'ay pourſuivie, & je luy ay fait peur apparemment ; Elle s'eſt tenuë cloſe & couverte pour me faire piece, on ne l'a point veuë pendant la campagne ; mais grace au Ciel je la retrouve en quartier d'hyver, & pour ne l'effaroucher pas en attendant que l'amour m'en faſſe abſolument raiſon, je la mine tout doucement icy, & je l'attrape par les menus.

URBINE.

Vous ſeriez amoureux mon frere ?

LE CHEVALIER.

Amoureux moy, de richeſſes oüy, de femmes non, je vous proteſte. Hola hé

Mademoiselle Mousset serviteur ; un mot icy je vous en conjure.

SCENE III.

Mad. MOUSSET, LE CHEVALIER, URBINE.

Mad. MOUSSET.

C'Est déja vous, Monsieur le Chevalier, on ne sera icy que dans une heure.

LE CHEVALIER.

Mais y sera-t'on ? Car je n'ay point de temps à perdre, je ne veux pas qu'on m'amuse.

Mad. MOUSSET.

On m'a bien promis de s'y rendre.

LE CHEVALIER.

As-tu touché la grosse corde, & peut-on appuyer ferme dessus sans la rompre.

Mad. MOUSSET.

Toutes choses sont bien disposées, & vous en aurez bonne issuë. Ne voulez-vous pas entrer ?

LE CHEVALIER.

Non, mon enfant, ta Boutique est plus

incommode que ce carrefour, elle est toujours pleine de cent personnes à qui tu crois vendre des robes de chambre, & qui n'ont pas dequoy payer un bonnet.

Mad. MOUSSET.

Cette Dame est de vostre compagnie apparemment ?

LE CHEVALIER.

C'est ma sœur Urbine de Castagnac, ma chere Mademoiselle Mousset.

URBINE.

Cette Marchande paroist bien de vos amies, mon frere, je luy suis tant & plus acquise.

Mad. MOUSSET.

Je suis vostre tres-humble servante Madame.

LE CHEVALIER.

Envisagez bien cette femme-là, ma sœur, c'est une illustre de Paris au moins.

URBINE.

Tant nouvelle je suis à la Ville, que je n'en connois pas encore les merveilles.

Mad. MOUSSET.

Vous en allez faire un des plus beaux ornemens Madame.

URBINE.

Helas, Madame, j'ay confusion d'estre sortie de la Province, mais je m'y retache dans le moment que j'auray mis quelque fin à mes affaires.

Mad. MOUSSET.

Vous avez des affaires en ce païs cy?

LE CHEVALIER.

Bon des affaires, c'eſt moins que rien, tu connois cet homme peut-eſtre.

Mad. MOUSSET.

Quel homme Monſieur.

LE CHEVALIER.

Un certain Monſieur Farfadel de par le monde.

Mad. MOUSSET.

Ce vieillard ſi riche & ſi fou qui en conte à toute la terre.

LE CHEVALIER.

Juſtement, ce grand épouſeur en paroles, ce fameux honniſſeur de filles.

Mad. MOUSSET.

Il en a fait acroire depuis ſix mois à plus de quatre de ma connoiſſance.

LE CHEVALIER.

Voila l'homme, il y a quelques mois qu'il vint en Province, il vit ma ſœur Urbine, il prit du gouſt pour elle; il luy fit une promeſſe de mariage par maniere de converſation, dit-il; & parce que je mépriſe de l'aſſommer, ma ſœur Urbine par maniere d'acquit le va faire pendre: Cela ſera bien-toſt vuidé.

Mad. MOUSSET.

Et vous appellez cela moins que rien.

LE CHEVALIER.

Ouy, mon enfant, la Comtesse de Meripillerious, nostre parente, tient toute la robe dans sa manche, je vais accompagner ma sœur chez elle pour son affaire, & je reviens dans l'instant icy pour la nostre.

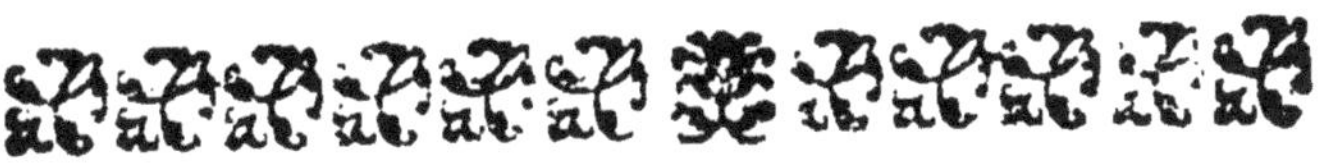

SCENE IV.

Mad. MOUSSET.

LA sœur Urbine est une trop aimable personne pour la Province, il faut trouver moyen de la fixer à Paris.

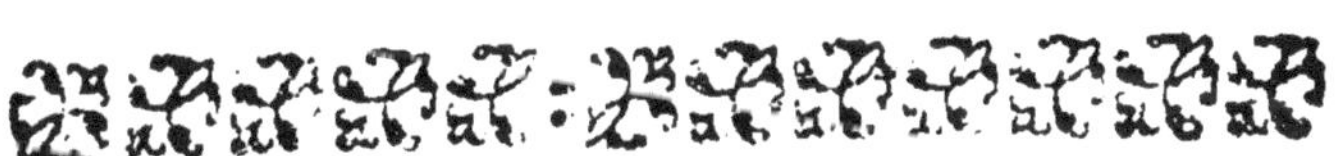

SCENE V.

Mad. MOUSSET, LORANGE *en Armenien.*

LORANGE.

JE donne le bon jour à mon agreable voisine.

Mad. MOUSSET.

Ah, ah! vous vous en avisez, Monsieur l'Armenien, depuis huit jours que la Foire est ouverte, à peine m'avez-vous fait l'honneur de me saluer. Quel heureux caprice vous porte à chercher à faire aujourd'huy connoissance.

LORANGE.

Parbleu je ne cherche point à la faire, je cherche à la renouveller ma voisine.

Mad. MOUSSET.

A la renouveller, nous nous sommes donc connus, à vostre compte ?

LORANGE.

Quelquefois un peu par cy par là : mais cependant je vous l'avouë, j'ay eu toutes les peines du monde à vous remettre, parce que je ne pouvois me figurer que Madame la Marquise de la Papelardiere du Marais fut devenuë Marchande de robes de chambre à la Foire.

Mad. MOUSSET.

Les fortunes du marais ne sont pas solides comme vous voyez.

LORANGE.

J'en fais l'experience par moy-même. Je n'ay pas toujours vendu du Caffé, & je n'ay d'Armenien que la barbe.

Il oste sa barbe.

Mad. MOUSSET.

Ah, juſte Ciel ! quelle ſurpriſe, c'eſt le Chevalier de Gourdinvilliers, la Coqueluche de la ruë ſainte Avoye.

LORANGE.

C'eſt luy-meſme ma chere Marquiſe. Toujours fidelle, toujours amoureux de vos charmes.

Il veut l'embraſſer.

Mad. MOUSSET.

Hé, qu'as-tu donc fait de ta Chevalerie, mon pauvre Lorange ?

LORANGE.

Elle eſt allé tenir compagnie à t'on Marquiſat, ma chere Marton.

Mad. MOUSSET.

Tu as fait de grands voyages, à ce que l'on m'a dit, depuis que nous ne nous ſommes veus.

LORANGE.

Comment morbleu de grands voyages, j'ay penſé faire celuy de l'autre monde.

Mad. MOUSSET.

Tu as penſé mourir ?

LORANGE.

Ouy vrayment, il y a eu des ordres exprés pour cela, & ils ont eſté affichez même, mais je n'ay pas voulu les ſuivre. J'aime à vivre moy, comme tu ſçais.

Mad. MOUSSET.

Tu as raison, mais ne risque tu rien icy ?

LORANGE.

La chose est problematique; comme enfant de Paris, Escuyer Sieur de Lorange, & Chevalier de Gourdinvilliers, les ordres sont précis : mais comme Armenien naturalisé depuis trois semaines ; il n'y a rien à craindre : c'est pourquoy mon enfant supprime, s'il te plaist, le nom de Lorange, & ne me nomme que l'Armenien.

Mad. MOUSSET.

Tres-volontiers, tu n'as qu'à dire. Mais toy ne m'appelle point Marton, je te prie.

LORANGE.

J'entends bien, il y a aussi quelques ordres expediez sous ce nom là, n'est-ce pas. C'est la même étoille qui nous domine, nous finiront ensemble de maniere ou d'autre.

SCENE VI.

CLITANDRE, Mad. MOUSSET, LORANGE.

CLITANDRE.

LEs Valets ſont bien nés pour nous impatienter ; à quoy diantre ce maraut là s'amuſe-t'il ?

Mad. MOUSSET.

Hé qu'avez-vous aujourd'huy, Monſieur ? Vous voila bien ſombre.

CLITANDRE.

Mon coquin de Breton ſe moque de moy, ma chere Mademoiſelle Mouſſet, je luy ay dit de me venir rendre réponſe, il y a deux heures que je l'attends, je ſuis ſur des épines.

LORANGE.

Si vous vouliez Monſieur rafraîchir voſtre impatience de quelque petit verre de liqueurs, j'en ay des meilleures de la Foire.

CLITANDRE.

Non, mon enfant, je vous remercie.

SCENE VII.

CLITANDRE, LE BRETON, Mad. MOUSSET, LORANGE.

CLITANDRE.

AH te voila bourreau.

LE BRETON.

Ouy, Monſieur, c'eſt moy-même qui ne veux plus me meſler de vos affaires, & qui viens vous demander mon congé.

CLITANDRE.

Comment miſerable.

Mad. MOUSSET.

Hé, Monſieur !

CLITANDRE.

Et quelles nouvelles m'apportes-tu encore, ç'a voyons.

LE BRETON.

Je ne vous en apporte aucune, il n'y a rien affaire, j'y renonce, il faut nous ſeparer, & vous n'avez qu'à chercher fortune.

CLITANDRE *veut ſe jetter ſur luy.*

Quoy pendart.

LORANGE.

LORANGE.

Hé point d'emportement.

LE BRETON.

Ne le lâchez pas au moins, il devient fou, je vous en avertis.

CLITANDRE.

Je te feray mourir sous le baston.

LE BRETON.

Il ne s'en apperçoit pas luy; mais cela ne laisse pas d'estre.

CLITANDRE.

Ah je n'en puis plus : oüy je perds l'esprit, je l'avouë; mais c'est ce malheureux qui me fait tourner la cervelle.

Mad. MOUSSET.

Luy, Monsieur!

LORANGE.

Comment donc?

LE BRETON.

Il ne sçait ce qu'il dit, comme vous voyez.

CLITANDRE.

Je vous en fais juges vous-mesmes; depuis un mois je suis amoureux de la plus aimable personne du monde.

LE BRETON.

Vous voyez bien que ce n'est pas moy qui luy gaste l'esprit, que diable.

CLITANDRE.

Monsieur le Breton. Ce charmant

Monsieur le Breton que vous voyez connoît tout l'excés de mon amour. Il est témoin de tous les tourmens que me fait souffrir l'impossibilité d'avoir accés chez cette belle.

LE BRETON.

Oüy, je vois de belles choses assûrément.

CLITANDRE.

Et le belistre a la constance & la malice de ne pas imaginer aucune chose pour me rendre le moindre service.

LE BRETON.

Monsieur l'Armenien.

LORANGE.

Oh vous avez tort, Monsieur le Breton; il faut passer condamnation. Cela n'est pas bien.

LE BRETON.

Mademoiselle Mousset.

Mad. MOUSSET.

Je suis contre vous aussi. Vous n'estes point un valet zelé.

LE BRETON.

Je me donne au diable vous y seriez bien empeschez, vous autres; & pourtant les Marchands Forains ne sont pas les moins habiles pour ces affaires-là.

LORANGE.

Je gage en deux jours d'emporter l'affaire, quelque difficile quelle puisse estre.

Mad. MOUSSET.

Je parie d'y réussir en vingt-quatre heures.

CLITANDRE.

Tu vois, infame.

LE BRETON.

Je ne suis point jaloux, Monsieur, je cede l'entreprise, & je leur serviray de croupier mesme en cas de besoin.

CLITANDRE.

Ah, mes amis de grace, unissez-vous tous trois pour me rendre service. Si vous pouvez y réussir vous pouvez aussi compter sur une parfaite reconnoissance.

Mad. MOUSSET.

Il faut commencer par sçavoir les personnes à qui nous avons affaire.

LORANGE.

Cela est de consequence.

LE BRETON.

Je m'en vay vous en informer. Premierement la fille est une jeune personne.

CLITANDRE.

Toute charmante, toute adorable.

LE BRETON.

Oüy toute adorable: d'une phisionomie tres-vive & tres-coquette.

LORANGE.

Cela promet quelque chose.

LE BRETON.

La mere est une veuve entre deux âges, un exemple de regularité, femme tres-prude, & tres-rebarbarative de son mêtier.

Mad. MOUSSET.

Cet article-là rend l'affaire épineuse.

LE BRETON.

La suivante est un monstre de laideur, & un dragon de vertu, plus affreuse que le diable, & par consequent plus méchante.

LORANGE.

Cet animal-là sera difficile à apprivoiser.

LE BRETON.

Avec cela il y a dans la maison une espece d'Abbé qui sert d'Intendant, un valet de chambre qui a les goutes, un Cuisinier manchot, un Cocher borgne, & trois vieux laquais qui n'ont jamais bû de vin, le moyen de faire connoissance avec ces gens-là?

Mad. MOUSSET.

Voila un agreable petit domestique.

LE BRETON.

Ils sont tous zelez pour la mere, & gardent tous la fille à veuë; les entrepreneurs n'ont qu'à tabler là-dessus, & à faire leurs diligences.

Mad. MOUSSET.

Monsieur l'Armenien.

LORANGE.

Mademoiselle Mousset.

Mad. MOUSSET.

Il faut plus de deux jours pour cette affaire-là.

LORANGE.

Vous n'en sortirez pas en vingt-quatre heures.

LE BRETON.

Bon. Il y a prés d'un mois que j'y travaille, & je n'ay pû l'entamer encore.

CLITANDRE.

Hé mes chers enfans, ne m'abandonnez pas, je vous en conjure.

Mad. MOUSSET.

Mort de ma vie nous sommes trois, il ne faut pas en avoir le démanty.

LORANGE.

Non, assurément.

LE ERETON.

Ah! Monsieur, voila Mademoiselle Angelique je pense; elle vient de ce côté-cy mesme.

CLITANDRE.

Ah, mon cher Breton, je n'en puis plus, tous mes sens sont interdis; par ou commencer, comment l'aborder, que luy diray-je?

LE BRETON.

Vous ne luy direz rien, s'il vous plaist. Ce sera bien assez de regarder: la maudite suivante, & le maître laquais sont avec elle.

CLITANDRE.

Ah juste Ciel!

SCENE VIII.

CLITANDRE, Mad. MOUSSET, LORANGE, LE BRETON, ANGELIQUE, Me ISAAC.

LORANGE *à Clitandre.*

Eloignez-vous, & me laissez faire, je vous débarasseray des incommodes.

CLITANDRE.

Seroit-il possible!

LORANGE.

Eloignez-vous, vous dis-je: Elle vient par-icy n'est-ce pas?

LE BRETON.

Elle va passer, la voila presque au milieu de la ruë.

LORANGE.

Vous avez de l'eſprit , ſecondez-moy bien ſeulement.

LE BRETON.

Il nous quitte & rentre chez luy, que diantre va-t-il faire ?

Mad. MOUSSET.

Je ne puis le deviner ; mais, il n'eſt pas bête.

LE BRETON.

Angelique & ſa ſuite approchent, nous les manquerons.

LORANGE *derriere le Theatre.*

Gare l'eau.

SCENE IX.

ANGELIQUE, Mad. ISAAC, Mad. MOUSSET, LE BRETON.

ANGELIQUE.

AH juſte Ciel, qu'eſt-ce que cela !

Me ISAAC.

Comment donc, quels inſolens , quelles canailles , en pleine Foire jetter des immondices par les feneſtres , un procés verbal, des témoins, un honneste Commissaire.

Mad. MOUSSET.

A qui en ont-elles donc ?

LE BRETON.

A qui ? Monsieur l'Armenien vient de vuider une chocolatiere sur le corps de la surveillante.

ANGELIQUE.

Voila des choses qui ne sont pas permises.

Me ISAAC.

Eh la, la, c'est bien employé, Mademoiselle : si vous aviez esté au Palais, comme Madame vostre mere vous l'avoit dit, & non pas à la Foire.... hom, hom, voila comme le Ciel punit vos extravagances.

ANGELIQUE.

Moy, je ne me plains point, je n'ay rien eu : Mais vous qui estes une personne si sage & si raisonnable, Madame Isaac, qu'est-ce que le Ciel punit en vous, je vous prie ?

Me ISAAC.

L'impertinance que j'ay euë d'adherer à vos sottises. Mais cela ne m'arrive pas souvent.

SCENE X.

ANGELIQUE, Mad. ISAAC, Mad. MOUSSET, LE BRETON, LORANGE, JASMIN.

LORANGE.

JE viens vous demander mille pardons, Madame, du petit accident de la chocolatiere.

ANGELIQUE.

Ce n'est point moy, Monsieur l'Armenien, à qui vous devez. ...

Me ISAAC.

Oh, vous me payerez mes hardes si elles sont gastées.

LORANGE *se retourne brusquement, & donne un coup de tête dans l'estomach de Mad. Isaac, & la jette à la renverse.*

Je suis bien fâché, Madame...

Me ISAAC *tombée.*

Mais voyez ce brutal avec ses excuses.

LE BRETON *luy marche sur la jambe, en feignant de la relever.*

La fortune m'est bien favorable, Madame, de m'offrir l'occasion de vous rendre un petit service.

M. ISAAC.

Hé misericorde, vous me cassez les jambes, vous marchez dessus.

Mad. MOUSSET *luy tourne le bras en la relevant.*

Hé bon Dieu, Madame, n'estes-vous point blessée ?

Me ISAAC.

Ah juste Ciel ? vous me déboëtez l'épaule, Madame.

LE BRETON.

Vraîment voila une vieille Demoiselle qui est bien délicate.

LORANGE.

Nous sommes bien mal-adroits tous tant que nous sommes.

Me ISAAC.

Allons, Mademoiselle, retournons au logis s'il vous plaist.

ANGELIQUE.

Que je m'en retourne moy, Madame ?

Me ISAAC.

Assurément. Voulez-vous que je demeure à la Foire dans cet équipage-là ?

LORANGE.

Je ne vous le conseille pas. Il n'y a pas d'apparence.

LE BRETON.

On vous prendroit pour quelque bonne fortune de la ruë de la Lingerie.

Me ISAAC.

Oh je n'y resteray pas, je vous en répons.

Mad. MOUSSET.

Vous ferez fort bien, assûrément.

ANGELIQUE.

Vous estes la maîtresse, Madame, pour moy qui n'ay point à changer de hardes, & qui ay des amplettes à faire, vous trouverez bon que j'y demeure.

Mad. MOUSSET.

Si vous voulez prendre un siege en attendant...

ANGELIQUE.

Je vous suis obligée, Madame.

Me ISAAC.

Je vous laisserois icy toute seule?

ANGELIQUE.

Ah que vous estes ridicule avec vos manieres. Allez, Madame, il suffit de moy pour me garder, & d'un laquais pour vous rendre compte de mes actions & de mes paroles.

Me ISAAC.

Ah, ah, vous le prenez sur ce ton-là; oh bien, bien, je ne reviendray pas moy, mais je vous vais envoyer compagnie.

ANGELIQUE,

Vous me ferez plaisir, je n'en sçais point de plus desagreable que la vostre.

Mad. ISAAC *à Jasmin.*

Je te la recommande, ne la quitte pas de veuë.

JASMIN.

J'ay de bons yeux, ne vous mettez pas en peine.

SCENE XI.

ANGELIQUE, Mad. MOUSSET, LORANGE, LE BRETON, JASMIN.

LORANGE.

BOn. Voila déja un de nos espions de party.

LE BRETON.

Je m'en vay bien-tôt faire décamper l'autre.

ANGELIQUE.

Ah que je suis fatiguée de l'esclavage où l'on me fait vivre, n'en sortiray-je que pour passer dans un autre encore plus rude.

Mad. MOUSSET.

Mad. MOUSSET.

Il ne tiendra qu'à vous d'estre heureuse, j'ose vous en répondre.

ANGELIQUE.

Quoy ! Madame.

LE BRETON *à Jasmin.*

Comment coquin, tu foüille dans ma poche.

JASMIN.

Moy, Monsieur ?

LE BRETON.

Ouy, toy-mesme.

ANGELIQUE.

C'est mon laquais, Monsieur.

LE BRETON.

C'est un coupeur de bourses, Madame, je l'ay pris sur le fait.

LORANGE.

A qui en avez-vous ? que vous fait-on, Monsieur ?

LE BRETON.

On vole, ou pille auprés de vôtre boutique, & vous souffrez cela, Monsieur l'Armenien ?

JASMIN.

Messieurs...

LORANGE *en donnant un coup de pied à Jasmin.*

Hé ! C'est mon fripon de l'autre jour, je le reconnois.

JASMIN.

Je ſuis honneſte garçon, ne me frapez pas.

ANGELIQUE.

Doucement, Meſſieurs, c'eſt mon laquais, je vous aſſure.

Mad. MOUSSET.

Luy? je le connois pour un voleur, Madame.

ANGELIQUE.

Vous n'y ſongez pas.

Mad. MOUSSET.

Il prit encore hier au ſoir dans la poche d'une vieille Marquiſe de ma connoiſſance le portrait d'un jeune Abbé, qu'elle venoit de retirer de chez la Frenaye.

ANGELIQUE.

Jaſmin.

JASMIN.

En verité, Mademoiſelle, cela n'eſt pas vray, je vous aſſure.

LORANGE.

Il a coûpé il n'y a que trois jours à une fort honneſte Procureuſe de la ruë Calande une Croix de diamans de prés de dix piſtoles, que deux jeunes Accademiſtes luy avoient donnée.

LE BRETON.

Voila des preuves convaincantes, allons, marchons chez le Commiſſaire.

JASMIN.

Au ſecours, à la force,

LORANGE.

Oh tu as beau crier, tu iras en galere.

ANGELIQUE.

Mais vraîment ces violences-là ne ſe font point, qu'on prenne garde à ce qu'on fait, c'eſt mon laquais encore une fois.

Mad. MOUSSET.

Hé! laiſſez-le emmener, on a quelque choſe à vous dire qu'on ne veut pas qu'il ſçache.

SCENE XII.

Mad. MOUSSET, ANGELIQUE.

ANGELIQUE.

EXpliquez-moy ce miſtere, Madame.

Mad. MOUSSET.

Ne le comprenez-vous pas? Vous eſtes toute aimable, & l'on écarte les ſurveillans pour vous découvrir ſans contrainte les ſentimens que vous faites naître.

ANGELIQUE.

Comment, Madame?

Mad. MOUSSET.

Ne craignez rien.

ANGELIQUE *voyant Clitandre.*

C'eſt luy, c'eſt Clitandre, je ſuis perduë.

SCENE XIII.

CLITANDRE, ANGELIQUE, Mad. MOUSSET.

CLITANDRE.

PArdonnez, charmante perſonne, à la violence de mon amour, les artifices innocens dont on ſe ſert pour me faciliter les moyens de vous entretenir. Depuis long-temps je vous adore, je n'ay pû vous parler que des yeux, & je n'ay rien lû dans les vôtres qui m'ait flatté du moindre eſpoir. Enfin j'oſe, en tremblant, vous conſulter icy moy-même ſur ma deſtinée, mon cœur eſt tout à vous, avez-vous diſpoſé du vôtre? que faut-il faire pour l'obtenir? Si vous le deſtinez au plus tendre, au plus fidelle, au plus paſſioné de tous les

Amans, aucun autre que moy n'a droit d'y pretendre.

Mad. MOUSSET.

Cela eſt bien écrit au moins. Ne faites-vous point de réponſe.

CLITANDRE.

Vous hezitez à vous declarer. Que je ſuis à plaindre?

ANGELIQUE.

Quand je vous auray dit l'état où je ſuis, vous vous trouverez bien plus malheureux encore,

CLITANDRE.

Vous avez un engagement, Madame?

ANGELIQUE.

Dans quatre jours on me marie.

CLITANDRE.

Ah je ſuis mort!

Mad. MOUSSET.

Mort de ma vie voila un homme que vous poignardez, Mademoiſelle.

ANGELIQUE.

Ecoûtez-moy, Monſieur. Vous me dites que vous m'aimez, vos regards m'en ont aſſurée, & leur langage s'eſt fait entendre dés le moment qu'ils m'ont parlé. La liberté de mon procedé va vous étonner peut-eſtre, mais la ſituation où je me trouve ſuffit de reſte pour le juſtifier. On prétend me faire épouſer un vieux mary que je detefte. Ma mere eft riche, je fuis jeune, tout le monde me trouve belle, confultez bien encore vôtre cœur & vos yeux. Je vous aime, ne me trompez point : fi vous m'aimez veritablement, n'épargnez rien pour faire changer les fentimens de ma mere, & trouvez les moyens d'affurer enfemble vôtre bonheur, & mon repos.

CLITANDRE.

Ah divine Angelique, à quel excés de joye....

Mad. MOUSSET.

Doucement, s'il vous plaît, Monfieur, un peu moins de tranfport, & plus de reflection. Nous ne fommes pas icy en place d'avoir de longues converfations. Venons au fait. Qui eft cet heureux Vieillard qu'on veut vous donner, & que vous aimez tant, Mademoifelle ?

ANGELIQUE.

Monfieur Farfadel.

Mad. MOUSSET.

Monfieur Farfadel ?

ANGELIQUE.

Luy-même. Le connoiffez-vous ?

Mad. MOUSSET.

Et tres-fort même. Il vient icy prefque tous les jours. Je fçay de fes fredaines, & vôtre affaire n'eft pas encore fi bien conclüe qu'on ne la puiſſe rompre.

CLITANDRE.

Sçais-tu des moyens pour cela ?

ANGELIQUE.

Seroit-il poſſible ?

Mad. MOUSSET.

S'il ne s'agit que de détromper Madame vôtre mere nous en viendrons aiſément about ; mais pour y parvenir il eſt bon qu'on ne vous voïe point enſemble, & que je ne paroiſſe pas me meſler de vos affaires même.

ANGELIQUE.

Elle a raiſon. Separons-nous. Je vay dans la boutique de Laygu, envoyez-y mon laquais & ma vieille ſurveillante, en cas qu'elle vienne.

CLITANDRE.

Je n'oſe vous accompagner, Madame ; mais mon cœur & mon eſprit ne vous quittent pas un ſeul moment, je vous jure.

SCENE XIV.

CLITANDRE, Mad. MOUSSET.

Mad. MOUSSET.

JE vous pardonne d'eſtre ſi fort amoureux, la petite perſonne en vaut bien la peine.

CLITANDRE.

Puiſque tu aprouves mon amour, ſonge donc à me rendre heureux, je te prie.

Mad. MOUSSET.

Ne vous mettez pas en peine. Je connois la mere de vôtre Maîtreſſe, c'eſt déja quelque choſe.

CLITANDRE.

Quoy prude comme elle eſt, tu as des liaiſons avec elle ?

Mad. MOUSSET.

C'eſt une de mes meilleures pratiques. Nous en aurons raiſon. Faites-moy chercher l'Armenien, & vôtre Breton, qu'ils lâchent le filou pretendu, & qu'ils ſe dépêchent de venir icy.

CLITANDRE.

Je vay te les envoyer, & revenir en.

suite chez l'Aigu, pour y regarder du moins Angelique, s'il ne m'est pas permis de luy parler.

SCENE XV.

Mad. MOUSSET *seule.*

O Que les Amans sont foux ! je suis bien-heureuse que l'experience m'ait corrigée de ces foiblesses. Mais voicy Monsieur Farfadel.

SCENE XVI.

Mr FARFADEL, Mad. MOUSSET.

Mr FARFADEL.

HE' laquais, qu'on ne me suive point.

Mad. MOUSSET.

C'est luy-même.

Mr FARFADEL.

Et que mon carrosse aille m'attendre à la petite porte de la ruë des Cannettes.

Mad. MOUSSET.

Voila des ordres qui sentent furieusement la bonne fortune.

Mr FARFADEL.

Bonjour mon enfant. Je ne suis jamais sans cela, comme tu sçais.

Mad. MOUSSET.

Vous estes le mortel, le plus coureur, & le plus couru que je connoisse.

Mr FARFADEL.

Et avec tout cela je n'aime pas les femmes, elles sont toutes folles de moy. Je suis un peu coquet de mon naturel. Je les laisse se flatter; je dis que je veux épouser l'une, je promets de faire la fortune de l'autre; je donne des regals, des cadeaux, des promenades; somme totale, je les amuse, & je ne conclus rien. Oh cela me donne un grand relief dans le Monde.

Mad. MOUSSET.

Vous avez raison.

Mr FARFADEL.

Quand quelque petite personne me donne dans la veuë, je donne d'abord de l'employ à ses freres, ou à ses cousins. Quand j'ay soupé trois ou quatre fois avec elle, krac je les revoque.

Mad. MOUSSET.

Chacun se distingue à sa maniere.

Mr FARFADEL.

J'ay choisi la bonne moy. La maniere de se distinguer à la guerre est dangereuse; celle de la robbe est trop serieuse, & trop penible, il n'est rien tel que de briller dans la finance.

Mad. MOUSSET.

Assûrement cela est bien plus seur, & bien plus commode.

Mr FARFADEL.

Je n'ay que du plaisir, je ne cours point dans le risque, & je suis pourtant un homme considerable au moins.

Mad MOUSSET.

Et consideré même. Je gage qu'il n'y a point de mere, qui ne soit ravie de vous voir faire les doux yeux à la sienne.

Mr FARFADEL.

Oh pour cela, oüy je t'en répons. Je suis à la veille d'en épouser une toute des plus jolies.

Mad. MOUSSET.

Quoy vous voulez vous marier serieusement?

Mr FARFADEL.

Oüy, mon enfant, j'ay mes raisons. Cette fille est riche, & ce qui fait que je viens icy *incognito*, aujourdhuy. C'est que la mere est une prude qu'il faut ménager. Je ne veux pas manquer cette affaire, elle est serieuse; mais quand la dupe sera une fois embarquée, je ne suis pas d'humeur à me contraindre, & je me rejetteray dans la bagatelle.

Mad. MOUSSET,

Vous n'en sortez pas trop, à ce qu'il me semble, & quel rendez-vous, vous attire à la Foire, s'il vous plaist?

Mr FARFADEL.

J'y en ay deux. Mademoiselle Mousset, un chez toy avec une petite grisette.

Mad. MOUSSET.

Je n'ay encore vû personne.

Mr FARFADEL.

On viendra, les petites grisettes sont exactes, elles n'ont pas tant d'affaires que les femmes de qualité. En attendant je m'en vais chez l'Aigu, où se doit trouver une petite Bretonne de ta connoissance. Je ne te dis pas adieu, Mademoiselle Mousset.

SCENE XVII.

Mad. MOUSSET *seule*.

JUsqu'au revoir, Monsieur. L'agreable chose qu'un petit libertin sexagenere, il trouvera

trouvera compagnie chez l'Aigu, mais ce ne sera celle qu'il cherche. Consultons maintenant avec nos deux associez ce que nous pourrons faire pour....

SCENE XVII.

Mad. MOUSSET, LORANGE, LE BRETON.

LE BRETON.

HE' bien, nos Amans sont-ils contens l'un de l'autre, se sont-ils abouchez?

LORANGE.

Nous leur avons donné tout le temps & toute la commodité de le faire.

Mad. MOUSSET

Est-ce que vous n'avez point vû Clitandre, il vous cherche.

LE BRETON.

A quelle intention?

Mad. MOUSSET.

Pour vous dire de venir icy; & de laisser aller ce pauvre diable.

LOLOTTE.

On a prévenu ses ordres, l'espion pris en a esté quitte pour quelques soufl [illegible]ts, quelques coups de pied dans le ventre, quelques croquignoles, le tout pour luy apprendre à écouter aux portes.

LE BRETON.

Comment s'est passé l'entreveuë?

Mad. MOUSSET.

Le mieux du monde; Angelique est presque aussi amoureuse de ton Maître, que ton Maître est amoureux d'elle.

LE BRETON.

Est-il possible?

Mad. MOUSSET.

Oüy, te dis-je. Il n'y a qu'une petite difficulté.

LORANGE.

Hé quelle?

Mad. MOUSSET.

Son mariage est conclu avec un autre.

LORANGE.

Quoy ce n'est que cela, voila une belle bagatelle.

LE BRETON.

Cela n'est rien, mon enfant; mon Maître n'est pas scrupuleux, il l'épousera en secondes noces avant qu'elle soit veuve.

Mad. MOUSSET.

Tu as raison, voila un accommodement; mais il est bien-aise d'épouser en premier.

LORANGE.

Il a tort, les mariages en ſecond ſont les moins embaraſſans, & les moins dangereux pour les ſuites.

Mad. MOUSSET.

Laiſſons-là la plaiſanterie, & parlons ſerieuſement, il faut rompre cette affaire, & aſſurer la noſtre.

LE BRETON.

Comment s'y prendre?

Mad. MOUSSET.

Le Rival de ton Maître eſt à la Foire.

LORANGE.

Oüy.

Mad. MOUSSET.

Il eſt allé chez l'Aigu, où il trouvera Angelique.

LE BRETON.

Quel homme eſt-ce?

Mad. MOUSSET.

Un ſoûpirant banal, un petit maître de ſoixante ans.

LORANGE.

De robe, d'épée, ou de finance?

Mad. MOUSSET.

Selon le gouſt de ſes Maîtreſſes il n'eſt rien & il eſt tout. C'ēſt un petit cameleon d'amour, un animal amphibie, en qui la finance domine.

LE BRETON.

Voila un bon ſujet, Monſieur, l'Armenien.

LORANGE.

Oüy cela doit bien rendre...

LE BRETON.

Il va donner aparemment à ſon épouſe pretenduë qnelques-uns des divertiſſemens de la Foire ; le Cercle, le petit Opera, les Danſeurs de corde, ne pourrions-nous point nous ſervir de cette occaſion....

Mad. MOUSSET.

Où cela pourroit-il nous mener ? à ridiculiſer le perſonnage tout au plus.

LE BRETON.

Il n'importe, commençons par là, c'eſt toûjours quelque choſe.

LORANGE.

Le garçon qui montre le Cercle eſt de mes intimes.

LE BRETON.

L'Entrepreneur du petit Opera eſt le bâtard d'une de mes tantes, & la petite Danſeuſe de corde eſt la Maîtreſſe de mon neveu. Nous ſommes en païs de connoiſſance.

Mad. MOUSSET.

Qu'eſt-ce que cela fait, que prétens-tu faire ?

LE BRETON.

Ne vous mettez pas en peine. Je vais toujours, en me divertissant, preparer un petit régale de Foire qui finira peut-estre agréablement nôtre intrigue. Songez au dénoüement vous autres.

LORANGE.

Mais il faudroit.

LE BRETON.

Mais, mais, je vous laisse le soin de l'utile & du necessaire, & je ne me charge que de l'agréable ; je fais bien les choses comme vous voyez.

SCENE XVIII.

Mad. MOUSSET, LORANGE.

Mad. MOUSSET.

QUe diantre va-t-il faire ? & dequoy nous peut servir son petit Opera !

LORANGE.

Ce garçon là donne furieusement dans la bagatelle, il ne s'attache point au solide ; je ne m'étonne pas qu'il ait esté si long-temps à entamer l'intrigue de son Maître.

Mad. MOUSSET.

Et toy qui est plus essenciel, & plus habile, dis-moy un peu de quelle maniere...

SCENE XIX.

Mad. DE KERMONIN, LORANGE, Mad. MOUSSET.

Mad. DE KERMONIN.

AH ! ma chere Mademoiselle Mousset, tu vois une fille outrée de desespoir, ma chere enfant.

Mad. MOUSSET.

Hé c'est Mademoiselle de Kermonin, la petite Bretonne de Monsieur Farfadel aparemment.

Mad. DE KERMONIN.

La rage me surmonte, je ne sçaurois parler... *Elle se laisse tomber entre les bras de Lorange.*

LORANGE.

Ce sont des vapeurs, mais je ne les haïs pas les vapeurs, cela a ses commoditez ;

allons Mademoiſelle, allons, revenez à vous.

Mad. DE KERMONIN.

Ne me quittez pas, Monſieur, ne me quittez pas.

LORANGE.

Diantre ſoit des vapeurs, elle m'étrangle.

Mad. DE KERMONIN.

Je créve, je me meurs, je ne ſçaurois parler, je ne ſçaurois parler...

Mad. MOUSSET.

Cela n'eſt pas naturel, hé à qui en avez-vous, Mademoiſelle ?

Mad. DE KERMONIN.

Hé ma chere Mademoiſelle Mouſſet, ſecourez-moy.

Mad. MOUSSET.

Voila des vapeurs extraordinaires.

LORANGE.

Je me donne au diable ſi ce ſont des vapeurs ; c'eſt une fille qui va devenir mere, ne vous y trompez pas.

Mad. DE KERMONIN *revenant.*

Ah, ah, ah.

Mad. MOUSSET.

Hé la, la, remettez-vous.

LORANGE.

Tâchez de reporter cela juſques chez vous, Mademoiſelle, allons courage.

Mad. DE KERMONIN.

Quelle trahiſon ! que je ſuis malheureuſe ! quelle perfidie !

Mad. MOUSSET.

Que vous eſt-il arrivé qui puiſſe vous cauſer un tel déplaiſir ?

Mad. DE KERMONIN *pleurant.*

J'en mourray, Mademoiſelle, je ne ſurvivray point à cet affront la, a, a, a, a.

LORANGE.

Ecoûtez. Il eſt fâcheux que cela arrive en pleine Foire, la choſe ne ſera pas ſecrette, vous avez raiſon ; mais au bout du compte...

Mad. DE KERMONIN *riant.*

Ah, ah, ah, ah, ah.

Mad. MOUSSET.

Ce ſont des vapeurs aſſurément.

LORANGE.

Oüy elle eſt folle ſans contredit, elle a les yeux hagars.

Mad. DE KERMONIN *donne un ſouflet à Lorange.*

Ah, ah, ah, ah, aa.

LORANGE.

Maugrébleu de la maſque avec ſa follie.

Mad. MOUSSET.

Je ne ſçais qu'en croire.

Mad. DE KERMONIN *revenant à elle.*

Où suis-je ? qu'ay-je dit, qu'ay-je fait ? ah que j'ay souffert.

Mad. MOUSSET.

Je le croy bien. Vous estes à la Foire, Mademoiselle.

Mad. DE KERMONIN.

Oüy je m'en souviens, je sors de chez l'Aigu.

L'ORANGE.

Et vous m'avez donné un souflet.

Mad. DE KERMONIN.

Je vous en demande pardon. Je suis si troublée, si tu sçavois, Mademoiselle Mousset, l'indignité que ce vieux singe de Farfadel vient de me faire.

Mad. MOUSSET.

Vous n'estiez pas seule pour luy chez l'Aigu, il y avoit un autre rendez-vous que le vôtre.

Mad. DE KERMONIN.

Je l'y attendois depuis une heure, il y est venu, j'ay esté au devant de luy, il n'a pas fait semblant de me voir, Mademoiselle Mousset, & il est allé faire mille caresses en ma presence à une guenon, qui ne le regardoit presque pas seulement.

L'ORANGE.

Il falloit luy donner le souflet que j'ay

eu, cela eût esté dans l'ordre.

Mad. DE KERMONIN.

Si je n'avois aprehendé l'éclat...

Mad. MOUSSET.

Mademoiselle de Kermonin est une personne fort prudente.

LORANGE.

Et fort vaporeuse de par tous les diables.

Mad. DE KERMONIN.

Il faut qu'il ait perdu l'esprit; car cette personne-là n'est rien moins que jolie.

Mad. MOUSSET.

C'est une fille qu'il va épouser, je vous en avertis.

Mad. DE KERMONIN.

Qu'il va épouser? oh je l'en deffie, je le tuëray, je le mangeray, je l'assommeray, je le poignarderay, je le dévisageray, je l'étrangleray. Ah je n'en puis plus, je ne sçaurois parler.

LORANGE.

Il ne fait pas bon icy.

Mad. MOUSSET.

Ne me quittez pas Monsieur l'Armenien, il faut bien finir nôtre affaire.

Mad. DE KERMONIN.

Il en épouseroit une autre que moy?

Mad. MOUSSET.

Eſt-ce que vous avez enſemble quelques engagemens qui l'en empêchent.

Mad. DE KERMONIN.

Si nous en avons, Mademoiſelle Mouſſet ? Il y a ſix ſemaines qu'il me rend viſitte ; il a mon portrait en mignature, & j'ay le ſien en cire dans ma chambre.

LORANGE.

Un portrait en cire ? ce ne ſont pas là des bagatelles.

Mad. DE KERMONIN.

Il faut que tu m'aides à rompre ſon mariage.

Mad. MOUSSET.

De tout mon cœur, que pourrions-nous faire ?

SCENE XX.

Mad. MOUSSET, Mad. DE KERMONIN, MAROTTE, LORANGE.

MAROTTE.

BOnjour, Mademoiſelle Mouſſet.

Mad. MOUSSET.

Vôtre ſervante, Mademoiſelle Marotte.

MAROTTE.

N'avez-vous point vû Monsieur Farfadel aujourd'huy?

Mad. DE KERMONIN.

Monsieur Farfadel, que luy veut-elle?

Mad. MOUSSET.

C'est encore quelqu'une de vos rivales, sur ma parole.

LORANGE.

Parbleu la Foire sera bonne, les Marchandes s'amassent.

MAROTTE.

Il avoit gagé une discretion contre moy, qu'il seroit icy le premier, il a perdu, comme vous voyez.

Mad. DE KERMONIN.

Fais jaser cette petite creature-là, Mademoiselle Mousset.

Mad. MOUSSET.

Cela ne sera pas bien difficile.

MAROTTE.

Il perd exprés pour me donner ma Foire, il fait les choses de bonne grace.

Mad. MOUSSET.

Vous avez d'étroittes liaisons avec luy aparemment.

MAROTTE.

Oh tant! Il y a prés d'un mois que nous nous connoissons. Il donne une pension à ma Tante, une commission à mon Oncle,

oncle; il a mis mon frere au College, & nous esperons qu'il m'épousera.

LORANGE *à Mad. de Kermonin.*

C'est un terrible épouseur que cet homme là.

Mad. DE KERMONIN.

Le scelerat, oh j'en seray vangée.

Mad. MOUSSET.

Il vous rend de frequentes visites sans doute.

MAROTTE.

Pas si frequentes qu'il voudroit.

Mad. MOUSSET.

Qui peut l'en empescher? Il fait tant de bien à la famille.

MAROTTE.

Il garde des mesures à cause d'une certaine femme qu'il ne veut pas tout à fait desesperer, & qu'il quitte pour moy. Oh Monsieur Farfadel a beaucoup de conduite au moins; c'est un fort honneste homme.

LORANGE.

Il en a de toutes les façons.

Mad. DE KERMONIN.

C'est un monstre qu'il faut étouffer; je suis dans une colere....

LORANGE.

Prenez garde d'étouffer vous-mesme.

Mad. MOUSSET.

Et qui est cette personne qu'il vous sacrifie.

MAROTTE.

Une petite folle, une petite Bretonne, qui a des vapeurs à chaque bout de champ.

Mad. DE KERMONIN.

Comment?

MAROTTE.

Il dit qu'elle est si ridicule, si ridicule, il ne peut plus la souffrir depuis qu'il m'a veuë.

Mad. DE KERMONIN.

Quelle petite impertinente est-ce là.

LORANGE.

Gare les vapeurs.

Mad. DE KERMONIN.

De qui parlez-vous, s'il vous plaist, ma mie.

MAROTTE.

Helas! c'est peut-estre de vous, Madame, je ne connois point la petite Bretonne, mais vous prenez feu d'une maniere..

Mad. MOUSSET.

C'est elle-mesme, vous ne songez point à ce que vous dites.

Mad. DE KERMONIN.

Vous estes une insolente.

LORANGE.

Hé! Mademoiselle.

MAROTTE.

Je vous le disois bien qu'elle estoit folle.

Mad. MOUSSET.

Hé paix.

Mad. DE KERMONIN.

Ah je vous apprendray à parler.

LORANGE.

Hé la, la, la, en pleine Foire.

MAROTTE.

Et moy je vous montreray à vous taire.

Mad. DE KERMONIN.

Vous me ferez taire moy? moy? Vous me ferez taire, oh je vous en défie.

Mad. MOUSSET.

Ne prenez pas garde à ce qu'elle dit.

Mad. DE KERMONIN.

Une petite Bourgeoise de Paris?

LORANGE.

Doucement.

MAROTTE.

Une petite Grisette de Bretagne.

Mad. DE KERMONIN.

Comment Grisette? ah quel outrage?

SCENE XXI.

LE BRETON, Mad. MOUSSET, Mad, DE KERMONIN, MAROTTE, LORANGE.

LE BRETON.

NOstre petit Opera est dispofé à faire merveilles, je viens maintenant sçavoir....

Mad. DE KERMONIN.

Des Grisettes dans la maison de Kermomonin! Je ne sçay qui me tient....

Mad. MOUSSET.

Hé, Mademoiselle, de grace.

LE BRETON *regardant Mademoiselle de Kermonin.*

Je ne me trompe point. C'est elle-mesme. Ah carogne, comme te voila brave.

Mad. DE KERMONIN.

Ah, juste Ciel, quelle rencontre.

Mad. MOUSSET.

Comment donc, qu'est-ce que cela signifie?

LORANGE.

Des carognes dans la maison de Kermonin ? Vous n'y ſongez pas Monſieur le Breton.

LE BRETON.

Que Diable voulez-vous dire avec vôtre Kermonin. C'eſt ma ſœur Nicole qu'il y a quatre ans que je n'ay veuë.

Mad. MOUSSET.

Sa ſœur Nicole.

Mad. DE KERMONIN.

Vous me perdez mon frere.

LE BRETON.

Bon. Je te perds, je te retrouve, au contraire, & en bon état meſme, j'en ſuis bien aiſe; & comment Diable as-tu fait fortune.

MAROTTE.

Les petites Bourgeoiſes de Paris valent bien certaines perſonnes de qualité Mademoiſelle Nicole.

Mad. MOUSSET.

Oh point d'invectives Mademoiſelle Marotte, vous deviendrez auſſi fille de qualité quelque jour, l'amour donne des lettres de Nobleſſe.

LE BRETON.

Ces Dames ont quelque diſpute enſemble ?

LORANGE.

Elles n'en eſtoient encore qu'aux injures; elles s'alloient mettre aux ſoufflets quand tu es arrivé.

LE BRETON.

Que je ne trouble point vôtre conversation, Mesdames, je ne pretends point vous déranger en aucune maniere.

Mad. MOUSSET.

Non, s'il vous plaist, que les querelles finissent, elles sont rivales; c'est ce qui les broüille, mais on les trahit l'une & l'autre; il faut que la ressemblance de leur destinée les reconcilie.

MAROTTE.

Monsieur Farfadel me tromperoit aussi?

Mad. MOUSSET.

Il en trompe bien d'autres.

MAROTTE.

Ah le vieux coquin.

LE BRETON.

Qu'est-ce que c'est, que ce Monsieur Farfadel?

Mad. MOUSSET.

C'est nostre animal amphibie.

LE BRETON.

Je viens de le rencontrer en venant icy; il se promene dans l'autre allée avec Angelique, mon Maistre les suit pas à pas, & ne les perd pas de veuë.

SCENE XXII.

LE CHEVALIER, URBINE, Mad. MOUSSET, LE BRETON, Mad. DE KERMONIN, MAROTTE, LORANGE.

URBINE.

JE reviens vous trouver Madame, vous me paroissez une personne tant gracieuse.

LE CHEVALIER.

Nous voila retournez de chez la Comtesse, ton valet, Mademoiselle Mousset, *à Lorange* salut Monsieur l'Armenien; *au Breton* Dieu te gard Breton, où est ton Maistre? *à Marotte.* Bonjour la belle enfant; *à Mad. de Kermonin.* Vôtre tres-humble serviteur ma Reyne; en gros & en détail je baise les mains à la compagnie.

Mad. MOUSSET.

La compagnie est bien vôtre servante Monsieur.

LE CHEVALIER.

La voila bonne; qui la r'assemble? est-ce l'estime, l'amitié, l'interest, le plaisir, les affaires, la conversation, ou le hazard seul qui s'en mesle? hé donc.

LORANGE.

Oh parbleu le hazard y a plus de part que le reste, & voila Mademoiselle Nicole qui est la sœur de Monsieur le Breton par exemple.

LE CHEVALIER.

Comment sa sœur.

LE BRETON.

Ouy, Monsieur, je l'ay rencontrée par hazard, elle a fait fortune par avanture. Il se trouve par accident que ces deux Princesses ont le mesme adorateur de leurs charmes; Ce galant homme par cas fortuit est d'autre-part rival de mon Maître, nous voudriõs bien le berner de dessein formé, & comme le hazard vous conduit icy; vous serez, si vous voulez, de la partie.

LE CHEVALIER.

Sandis tres-plus que volontiers, nous en prendrons le plaisir. Quel est l'objet du bernement.

LORANGE.

Un vieux Seigneur du quartier saint Roch, qu'on appelle Monsieur Farfadel dans le monde.

LE CHEVALIER.

Vôtre Farfadel ma sœur.

URBINE.

Le ſcelerat, il eſt ſans diſtinction comme ſans bonne foy.

Mad. MOUSSET.

Ce ne ſont pas encore là toutes vos rivales, j'en connois bien d'autres.

LE CHEVALIER.

Oh cadedis, vous la danſerez tout du long, Monſieur de la Farfadeliere.

LE BRETON.

Vous connoiſſez ce Gentilhomme là, Monſieur.

LE CHEVALIER.

Et ma ſœur Urbine auſſi par tous les Diables. Donnez les mains Meſdames, augmentation de rivalitez, ſurcroiſt de conſolation ou de colere, quoy vous en ſoûpirez; allons ferme, point de foibleſſe, force d'eſprit, reſolution, vos cauſes ſont pareilles, en attendant qu'on le pende en pleine Gréve, il faut le berner en pleine Foire.

URBINE.

Il ne ſera rien que je ne faſſe pour eſtre vangée de ce miſerable.

Mad. DE KERMONIN.

Et pour moy je l'étrangleray bien toute ſeule, il n'y a qu'à me laiſſer faire.

LE CHEVALIER.

La ſœur Nicole eſt vive, Monſieur le

Breton. Et la petite personne qu'en pense-t-elle?

MAROTTE.

Ma tante n'aura plus de pension, elle sera bien fâchée, mais il n'importe.

Mad. MOUSSET.

De quelle maniere nous y prendrons-nous?

LORANGE.

Veut-on me donner la conduite de l'affaire?

LE CHEVALIER.

Monsieur l'Armenien paroist entendu. Déferez à ses conseils Mesdames.

Mad. DE KERMONIN.

Je m'y soûmets entierement, qu'il parle.

URBINE.

Je luy donne la carte blanche, qu'il fasse.

MAROTTE.

Il n'a qu'à dire, je feray ce qu'il voudra.

LORANGE.

Je regleray vos rôles, ne vous mettez pas en peine, vous nous aiderez d'un petit Opera de vôtre façon, Monsieur le Breton.

LE BRETON.

Tout est disposé pour cela Monsieur l'Armenien.

LORANGE.

Cela sera le mieux du monde, & j'y joindray moy de mon costé une espece de Cercle de mon imagination... Oüy .. justement... Il n'est rien tel que de mesler les divertissemens de la Foire.

LE BRETON.

Assurément. Je vais achever de preparer le mien, quand vous serez prest, vous... vous aurez soin ..

LORANGE.

J'auray bien-tôt fait, dépeschez... vous ne demeurez pas loin d'icy, Mademoiselle Nicole?

Mad. DE KERMONIN.

A vingt pas dans la ruë de Tournon.

LORANGE.

Dans la ruë de Tournon? Voila qui est à merveille. Allons chez vous nous concerter seulement.

URBINE.

Mais il seroit besoin...

LORANGE.

Allons, vous dis-je, & me laissez faire, je ne gasteray rien sur ma parole.

Mad. MOUSSET.

Vous estes en bonne main, laissez-vous conduire.

SCENE XXIII.

LE CHEVALIER, Mad. MOUSSET.

LE CHEVALIER.

ALlez & revenez, je vous attends, Mesdames. Cet Armenien me semble allerte & de bon esprit, il devroit estre de chez nous.

Mad. MOUSSET.

Oüy l'esprit & le sçavoir faire sont l'apanage des Gascons, vous avez raison.

LE CHEVALIER.

N'est-il pas vray? Oh ç'a ma chere enfant, pendant que l'Armenien va concerter avec ces Dames pour leurs affaires, concertons nous un peu pour la nôtre. Elle est lente à venir cette Dame que nous attendons, & l'amour ne la peint pas assez, à ce qu'il me semble.

Mad. MOUSSET.

Elle ne sçauroit tarder beaucoup encore.

LE CHEVALIER.

Je me suis sous-main informé d'elle, & je n'ay rien appris qui me flate. Elle est riche,

riche, d'accord, mais tres-peu donnante. Mauvaise qualité ma chere, & que nous n'aimons pas nous autres. Vive la liberalité sandis, c'est la folie de la Nation.

Mad. MOUSSET.

Il faut se voir & convenir de ses faits avant toutes choses.

LE CHEVALIER.

Je ne suis pas fort épouseur moy de mon naturel, & sur le pied que sont aujourd'huy la pluspart des femmes, la qualité de mary me semble la moins honnorante de toutes. Ecuyer, Gentilhomme, Intendant, Econome, le bon amy de la maison avec de bons appointemens, & quelques gratifications; cela vaut mieux. Faisons en sorte que je luy sois sur ce pied là Mademoiselle Mousset.

Mad. MOUSSET.

Vous vous expliquerez ensemble; elle vous aime, & la précaution qu'elle prend de marier sa fille, fait assez voir qu'elle a dessein....

LE CHEVALIER.

Elle marie sa fille Angelique?

Mad. MOUSSET.

Et à Monsieur Farfadel mesme. C'est elle dont vôtre amy Clitandre est amoureux.

LE CHEVALIER.

A Monsieur Farfadel ! quoy Farfadel icy, Farfadel là, Farfadel par tout ? quel diable d'homme ! Il épousera tout Paris si la Police ne s'en mesle.

Mad. MOUSSET.

Voicy la Dame.

SCENE XXIV.

Mad. BARDOUX, LE CHEVALIER Mad. MOUSSET.

Mad. BARDOUX.

BOnjour Mademoiselle Mousset.

Mad. MOUSSET.

Vôtre servante Madame.

Mad. BARDOUX.

Je vous ay fait attendre Monsieur le Chevalier, mais j'ay mes heures marquées, & je me suis fait une regle de vie que la raison & la bien-seance ne me permettent pas de déranger.

LE CHEVALIER.

Je me donne au Diable, Madame, si je sçais rien de plus loüable que cette regularité dont vous faites profession. Pudeur.

ſur le viſage, ſages diſcours ſur les lévres, politique dans la conduite, déguiſement dans l'amour propre, ſimplicité dans la coëffure, modeſtie dans l'ajuſtement, vous étes un modele accomply de perfections morales, ou la peſte m'étouffe.

Mad. BARDOUX.

Je tâche de me conſerver la reputation que les premieres années de mon veuvage m'ont acquiſe.

LE CHEVALIER.

Et vous eſtes femme d'eſprit. Il ne faut pas perdre un jour le fruit de dix ans de contrainte.

Mad. BARDOUX.

La démarche que je fais aujourd'huy pourtant de vous donner un rendez-vous à la Foire....

LE CHEVALIER.

Cadedis que vous l'entendez, la Foire eſt bien choiſie, Madame, vous n'eſtes pas connuë des perſonnes qui la frequentent, on ne vous ſoupçonne point d'y venir, & tel vous y verroit en face, qui ſe donneroit au Diable que ce n'eſt pas vous.

Mad. MOUSSET.

Monſieur le Chevalier à raiſon, Madame, vous hazardez moins à la Foire qu'en lieu du monde.

Mad. BARDOUX.

J'ay dit chez moy que j'allois visiter les prisonniers de l'Abbaye.

Mad. MOUSSET.

Cela est fort prudent, & suposé mesme qu'on vous vist icy, ne pourriez-vous pas y estre venuë faire provision de confitures pour les malades ?

LE CHEVALIER.

Femme de jugement ! autre resource, excellent pretexte Madame.

Mad. BARDOUX.

Et avec toutes ces précautions, Monsieur le Chevalier, si l'on me voit avec vous, je hazarde étrangement ma reputation.

LE CHEVALIER.

Comment vôtre reputation, hé donc, est-ce que dans le temps où nous sommes, un joly homme des-honnore les femmes, quelques regulieres qu'elles paroissent, presque toutes sont des coquettes, on en convient, on leur pardonne comme deffaut de temperament, & ce n'est que leur bon ou leur mauvais choix qui fait qu'on les méprise, ou qu'on les estime.

Mad. BARDOUX.

Qu'il a d'esprit, Mademoiselle Mousset, qu'il a d'esprit ! & qu'il s'énonce bien. Ah le joly homme !

Mad. MOUSSET.

Il n'y a point de regularité qui puisse tenir la contre, n'est-il pas vray ?

LE CHEVALIER.

Or sus venons au fait, & ne barguignons point, Madame, vous avez du goust pour moy, l'on me l'a dit.

Mad. BARDOUX.

La vertu la plus austere, Monsieur le Chevalier, n'est point à l'épreuve de certains merites triomphans, & je veux bien vous avoüer que le vôtre a fait sur mon cœur....

LE CHEVALIER.

Oüy j'en ay, j'en conviens, passons....

Mad. MOUSSET.

Voila un Gentilhomme qui se connoist, Madame.

Mad. BARDOUX.

Et trop peut-estre.

LE CHEVALIER.

Vous avez donc du goust pour moy Madame, & j'en ay pour vous, Dieu me damne, tout ce qu'on en sçauroit avoir : mais sur quel pied nous aimons-nous ? épouserons-nous, ou non ? decidez, vous n'avez qu'à parler.

Mad. BARDOUX.

Je ne croy pas, Monsieur, que vous penſiez que je puiſſe avoir d'autres veuës que celles. . .

LE CHEVALIER.

Je m'explique, Madame, entendons-nous de grace. Pour épouſer, il faut connoître, & nous ne nous connoiſſons pas encore. En attendant le Contract de mariage, ne peut-on faire un bail de cœur à certaines clauſes ?

Mad. BARDOUX.

Une perſonne comme moy ne devroit pas eſtre expoſée à entendre des diſcours ſi peu reſpectueux...

LE CHEVALIER.

Peu reſpectueux, vous vous cabrez, vous prenez mal la choſe, vertueuſe, & reguliere comme vous eſtes, je veux donner le temps à vôtre pudeur de ſe reſoudre à convoler en ſecondes noces, & par excés de regularité vous voulez precipiter les évenemens. Hé bien ſoit, parlons de mariage, & ſuprimons le bail de cœur. C'eſt une eſpece de Contract qui eſt pourtant bien à la mode.

Mad. BARDOUX.

Si vous avez pour moy les ſentimens que je ſouhaite, vous pouvez compter Monſieur...

SCENE XXV.

CLITANDRE, LE CHEVALIER, Mad. BARDOUX, Mad. MOUSSET.

CLITANDRE.

AH ma chere, Mademoiselle Mousset, je me meurs d'amour, de rage, & de jalousie. Un indigne rival...

LE CHEVALIER.

Serviteur à l'agonisant. Je veux te ressusciter mon amy.

CLITANDRE.

Ah mon pauvre Chevalier tu auras bien de la peine.

LE CHEVALIER.

Regarde cette Dame, ce sera un antidote admirable pour toy sur ma parole.

CLITANDRE *à Mad. Mousset.*

La mere d'Angelique à la Foire, par quelle avanture...

Mad. MOUSSET.

Tout se terminera bien, je vais avertir nos gens, donnez-vous patience.

SCENE XXVI.

CLITANDRE, LE CHEVALIER, Mad. BARDOUX.

Mad. BARDOUX.

QUi eſt ce Gentilhomme, Monſieur le Chevalier ?

LE CHEVALIER.

C'eſt un de mes amis, Madame, qui voudroit bien eſtre vôtre gendre.

CLITANDRE.

Si j'oſerois eſperer Madame....

Mad. BARDOUX.

Mon gendre, Monſieur cela ne ſe peut pas.

CLITANDRE.

Ah juſte Ciel !

LE CHEVALIER.

Je rendray la choſe poſſible.

Mad. BARDOUX.

Je ſuis engagée de parole avec un autre, & le Contract doit eſtre ſigné demain.

LE CHEVALIER.

Monſieur Farfadel je le ſçais, il ne me connoiſt pas, mais je le connois, & je vous le feray connoître.

SCENE XXVII.

CLITANDRE, LE CHEVALIER, Mad. BARDOUX, ANGELIQUE, FARFADEL.

FARFADEL.

Quoy dans les termes où nous en sommes vous pouvez vous deffendre...

ANGELIQUE.

Non, Monsieur, ny present, ny regal, je ne recevray rien de vous, s'il vous plaist.

LE CHEVALIER.

Hé le voila ce galant homme.

Mad. BARDOUX.

Mon gendre, & ma fille sont icy ?

ANGELIQUE.

Ah juste Ciel ma mere !

FARFADEL.

Vous nous surprenez dans une espece de teste à teste que vôtre aveu rend permis Madame.

Mad. BARDOUX.

Je vous croyois au Palais ma fille. Par quel hazard...

ANGELIQUE.

Vous deviez aller aux prisonniers, Madame, par quelle avanture...

Mad. BARDOUX.

Oüy, mais j'ay eu mes raisons pour...

ANGELIQUE.

Nous avons changé de sentiment, l'une & l'autre, Madame, il n'y a rien de plus naturel, & vous ne devez point blâmer en moy, ce que vous avez fait vous-mesme.

Mad. BARDOUX.

Il y a icy quelque chose que je n'entends pas bien.

LE CHEVALIER.

Ce Monsieur Farfadel est dangereux, Madame, je vous le garentis. Couru des belles, & elles l'attraperont à la fin.

CLITANDRE.

Que deviendra tout cecy ?

SCENE XXVIII.

CLITANDRE, LE CHEVALIER, Mad. BARDOUX, ANGELIQUE, FARFADEL, LORANGE, LE BRETON.

LE BRETON *déguisé en chanteur d'Opera.*

MEssieurs, le grand Opera de la Foire S. Germain. C'est icy Messieurs, Entrez viste Mesdames.

CLITANDRE.

C'est Breton, c'est luy-mesme.

LE CHEVALIER.

Ne dites mot, & laissez faire.

LORANGE.

Voyez icy, Messieurs, le Cercle nouveau des figures parlantes, aussi hautes que le naturel, voyez icy Messieurs.

LE BRETON.

Le Triomphe de Vulcain, Messieurs, le voila qui va commencer. Entrez viste.

LE CHEVALIER.

Le Triomphe de Vulcain! Cadedis, il faut donner ce regal aux Dames Monsieur

Farfadel, le Triomphe de Vulcain; c'est un prelude pour vos noces.

FARFADEL.

Je ne demande pas mieux que de faire les honneurs de la Foire.

LE CHEVALIER.

Vous les ferez, & tres-bien mesme, j'en donne parole; allons Mesdames.

CLITANDRE.

Où tout cela nous menera-t'il?

LE CHEVALIER.

Silence.

Mad. BARDOUX.

Je ne suis pas femme de spectacle, mais la Foire & la Compagnie....

LE CHEVALIER.

De la complaisance, Madame, qu'on ne nous fasse pas attendre.

LE BRETON.

C'est moy qui chante le Prologue. Allons Messieurs de l'Orchestre un petit prelude.

LE BRETON *chante.*

O que la Foire S. Germain
Grossit l'Empire de Vulcain.

SCENE XXIX.

CLITANDRE, ANGELIQUE, LE CHEVALIER, Mad. BARDOUX, FARFADEL, LORANGE, LE BRETON, Mad. MOUSSET.

Mad. MOUSSET.

HE'! à quoy ſongez-vous donc, Monſieur du Prologue, de commencer ainſi ſans avertir vos camarades ?

LE BRETON.

Qu'eſt-ce qu'il y a pour faire tant de bruit ? à qui tient-il qu'on ne continuë ?

Mad. MOUSSET.

Et le moyen, Mademoiſelle Madelon eſt enfermée dans ſa loge avec ce Treſorier de la Doüane, la ſervante a emporté la clef, je m'en vais chercher un Serrurier pour leur faire ouvrir.

LE BRETON.

Maugré bleu de ces Treſoriers, ils font toûjours faire quelque impertinence à nos filles d'Opera. Nous vous demandons bien pardon, Meſſieurs.....

LORANGE.

Si ces Meſſieurs veulent en attendant,

pour ne point perdre de temps, on montrera le Cercle.

FARFADEL.

Le Cercle, oüy, voyons ce Cercle, c'est ma folie à moy que les Cercles.

LORANGE.

Vous serez surpris de celuy-cy, je vous en répons.

On ouvre la Boutique du fonds du Theatre, & l'on voit en perspective le portrait de Mr Farfadel environné d'Urbine, de Mademoiselle de Kermonin, & de Marotte, & d'autres figures.

FARFADEL.

Comment, c'est moy je pense.

ANGELIQUE.

La figure de Monsieur Farfadel !

LE CHEVALIER.

Oüy par la sandis, c'est luy-mesme.

Mad. BARDOUX.

Que veut dire cecy ?

LE CHEVALIER.

Vous avez un gendre de distinction, Madame, il brille à la Foire.

FARFADEL.

Monsieur le montreur de Cercle je vous aprendray.

LORANGE.

Je ne suis que le garçon, Monsieur, c'est

une petite Bretonne qui est l'entrepreneuse.

FARFADEL.

Une petite Bretonne ?

LORANGE.

Ouy, Mademoiselle de Kermonin, vous connoissez cela.

FARFADEL.

On se moque de moy, je pense, écoutez je prendray mon serieux.

Mad. DE KERMONIN.

Tu croyois donc me joüer impunément vieux singe ?

FARFADEL.

Quel contre-temps !

URBINE.

Tu ne t'échaperas pas de moy scelerat.

FARFADEL.

Encore ? ah je suis perdu !

MAROTTE.

Oh je te devisageray moy. Je suis aussi méchante que les autres.

FARFADEL.

A l'ayde, elles ont le Diable au corps, il en pleut je pense.

LORANGE.

Ce sont des figures parlantes que celles-là.

Mad. MOUSSET.

Et agissantes mesme. Voila un beau Cercle.

Mad. BARDOUX.

Cela passe la raillerie Monsieur le Chevalier.

LE CHEVALIER.

Ce n'est point raillerie, ce sont réalitez, Madame.

Mad. BARDOUX.

Comment ?

LE CHEVALIER.

Allons, chantez Monsieur de Farfadel, vous estes pris, chantez vous dis-je, où je vous fais mener au Châtelet par cette escoüade de femmes.

Mad. BARDOUX.

Expliquez-moy donc ce mistere.

LE CHEVALIER.

Voila ma sœur Urbine, Madame, à qui ce faquin a fait une promesse de mariage.

FARFADEL.

Hé ! je suis tout prest à l'épouser, tirez-moy d'affaires.

LE CHEVALIER.

Je le prens sous ma protection ; voila qui est finy.

Mad. DE KERMONIN, & MAROTTE.

Comment Monsieur ?

LE CHEVALIER.

Point de bruit Nicole, doucement Grisette, il nous revient un petit Opera qu'il ne faut pas perdre ; mais reglons auparavant nos petites affaires. Donnez vôtre sœur Nicole à l'Armenien, Breton, Clitandre aura soin de leur fortune. Vous epouserez la Grisette vous, le beau-frere Farfadel continuëra la pension de la tante, & il vous fera Sous-fermier au premier jour.

LE BRETON.

Ouy, mais sans consequence au moins.

FARFADEL.

Ils s'entendoient tous comme larrons en Foire.

LE CHEVALIER.

De vous à moy, nous sommes à peu prés d'accord Madame, donnez Angelique à mon amy, vous m'en trouverez plus traitable.

Mad. MOUSSET.

Et moy qui ne me marie point, je dresseray les articles.

Mad. BARDOUX.

Et moy, Monsieur le Chevalier, je feray tout ce que vous me conseillerez de faire.

CLITANDRE.

Ah! Madame.

LE CHEVALIER.

Hé tréve de remerciemens. Chose ennuyeuse, la Foire S. Germain est aujourd'huy pour nous la Foire aux mariages. Voyons le petit Opera, & nous irons tous souper ensemble.

DIVERTISSEMENT.

LE BRETON *chante.*

O ! Que la Foire S. Germain
Grossit la Cour de Vulcain.
L'Amour y met en étalage
Ce que son art a de plus fin,
Les presens y sont en usage,
Et telle femme y vient fort sage,
Qui l'est bien moins le lendemain.
O ! que la Foire S. Germain, &c.

Tous les Acteurs & Actrices repetent en chantant les deux derniers vers: Aprés quoy huit petites figures du Cercle dansent un passe-pied, quand il est finy, l'Acteur qui montre le Cercle chante la Chanson suivante.

AMans sans delicatesse,
Qui changez soir & matin,
Venez prendre des Maîtresses
A la Foire S. Germain;
Mille beautez peu tigresses
Font icy commerce de tendresse
En amour,
Les Marchez n'y durent qu'un jour.

Les meſmes figures du Cercle qui ont danſé le paſſe-pied, danſent une eſpece de Bourrée qui eſt ſuivie de cette Chanſon.

Chaque ſaiſon à ſa Divinité,
L'Hyver eſt ſoumis à Borée,
Au Printemps Flore eſt adorée,
Cerés domine ſur l'Eſté,
Et Bacchus en Automne eſt le Dieu reſpecté
Dans l'Empire de l'Hymenée,
Vulcain regne toute l'année.

LE BRETON chante.

Le ſoir aux chandelles
Tout brille en ces lieux,
Souvent les moins belles
Y charment les yeux,
Un cœur prompt à ſe rendre
Peut s'y laiſſer prendre;
Mais ſi-toſt qu'il eſt jour,
Adieu le charme & l'amour.

Deux des petites figures du Cercle danſent une Gigue: Le Breton & l'Acteur qui montre le Cercle chantent enſemble.

Vive l'amour, vive la bonne chere,
Eſt-il rien qui ſoit plus doux,
Banniſſons tous
Ces vieux hiboux,

Ces loup-garoux,
Ils ſont jaloux
De nous voir faire
Ce qu'ils feſoient avant nous :
Avec Bacchus & l'amour & ſa mere,
Il eſt un temps pour eſtre foux.
Vive l'amour, &c.

ENTREE D'UN GILLE.

LE BRETON chante les couplets ſuivans, que tous les Acteurs repetent.

L'Amour eſt un Dieu commode,
Qui s'eſt fait icy Marchand Forain :
La marchandiſe à la mode
Se prend dans ſon magazin ;
Et ſi l'on ne s'en accommode,
On peut la changer le lendemain.

Quand l'Amour donne en partage
Des attraits, des graces à foiſon :
On en fait un doux uſage
Par plaiſir & par raiſon ;
Mais qui vend au Printemps de l'âge,
Achette dans l'arriere ſaiſon.

Que l'emplette eſt bonne & belle
D'une aimable fille de quinze ans :

Mais

Mais si l'on la veut fidelle
Il faut la chercher long-temps:
Marchandise de ce modelle
Ne se trouve pas chez nos Marchands.

Boutique la mieux garnie
N'est pas celle où vont le plus de gens:
Pour attirer compagnie
Il faut de certains talents;
Marchande coquette & jolie,
N'a jamais eû faute de chalants.

Au seul bonheur de vous plaire
Nous bornons nos vœux & nos talents:
A cette importante affaire
Nous donnons tous nos moments;
Si nous pouvions encor mieux faire
Nous serions heureux & vous contents.

FIN.

www.ingramcontent.com/pod-product-compliance
Ingram Content Group UK Ltd.
Pitfield, Milton Keynes, MK11 3LW, UK
UKHW021119260726
13994UKWH00002B/939

9 782329 489261